ISBN 9788411744300 © Eve Stars, 2023

Impresión y editorial: BoD – Books on Demand
info@bod.com.es – www.bod.com.es
Impreso en Alemania – Printed in Germany

Este libro pertenece a este extraordinario, sensible y maravilloso Virgo:

Virgo

22 DE AGOSTO — 22 DE SEPTIEMBRE

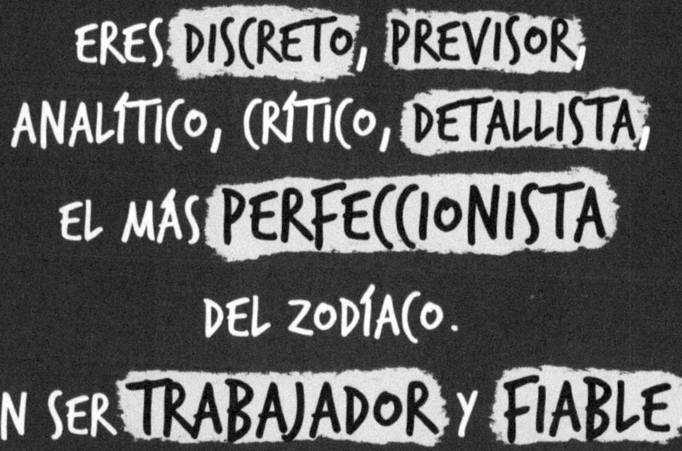

ERES DISCRETO, PREVISOR,
ANALÍTICO, CRÍTICO, DETALLISTA,
EL MÁS PERFECCIONISTA
DEL ZODÍACO.
UN SER TRABAJADOR Y FIABLE.

ORDENADO
DISCRETO
SERIO
MISTERIOSO
PLANIFICADOR
IRRITABLE

ERES UN SIGNO DE TIERRA,
MUY INTELIGENTE,
AMANTE DE LA VIDA SANA.
DE MENTE ABIERTA
E IMAGINATIVO.

ERES EL
MÁS HONESTO DEL
ZODIACO

TU EMPLAZAMIENTO NATURAL
ES LA SEXTA CASA, LA CASA DE LA
VIDA COTIDIANA, EL TRABAJO,
LOS AMIGOS Y LA SALUD.

VIRGO ESTÁ GOBERNADO POR
MERCURIO
SOY TU COLEGA FIEL

Los elementos
de
Virgo

COLORES: BLANCO PURO, AZUL CLARO Y COLORES PASTEL.

VÍSTETE CON ESTOS COLORES CUANDO QUIERAS LIGAR Y SERÁS IRRESISTIBLE (SI ES POSIBLE SERLO AÚN MÁS)

PIEDRAS: JASPE ROSADO Y TOPACIO.

CUANDO TROPIECES DOS VECES, COMO SUELES HACER, QUE SEA AL MENOS CON ALGUNA DE ESTAS PIEDRAS

ÁRBOLES: CEREZOS, COTONEASTER Y ABEDULES.

ABRÁZATE A ESTOS ÁRBOLES CUANDO ESTÉS DE BAJONA. TE QUIEREN

FLORES: ALPINAS Y PLANTAS DE ROCA.

LOS VULGARES RAMOS DE ROSAS NO SON PARA TI, EXIGE MÁS

Hablemos claro, Virgo

TE CARACTERIZAS POR TU PRECISIÓN, TU CONVENCIONALI-DAD, TU ACTITUD RESERVADA Y TU AFÁN, A VECES INCLU-SO OBSESIÓN, CON LA LIMPIEZA.

A VECES PUEDES PARECER FRÍO Y TE PUEDE RESULTAR DIFÍCIL HACER GRANDES AMIGOS. EL HECHO DE QUE MUCHAS DE TUS RELACIONES CON OTROS RESULTEN SUPER-FICIALES SE DEBE A QUE EN REALIDAD TEMES DAR RIENDA SUELTA A TUS SENTIMIENTOS Y CARECES DE CON-FIANZA EN TUS EMOCIONES Y OPINIONES.

PREFIERES ACTUAR CON RESERVAS. POR LO GENERAL, ERES DISCRETO, AMABLE Y DIVERTIDO Y PUEDES AYUDAR A RESOLVER PROBLEMAS DE TERCEROS CON UNA HABILI-DAD Y UN BUEN SENTIDO DEL QUE A MENUDO CARECES EN TUS PROPIAS RELACIONES PERSONALES.

ERES OBSERVADOR Y PACIENTE Y POSEES MUCHO ENCANTO.

ERES MUY METÓDICO ESTUDIOSO Y TE GUSTA LA LÓGICA Y APRENDER. ERES CAPAZ DE ANALIZAR LAS SITUACIONES MÁS COMPLICADAS. SIN EMBARGO, A VECES ERES TAN METICULOSO QUE RETRASAS LA CONCLUSIÓN DE PROYECTOS COMPLICADOS.

ERES MUY INTUITIVO Y PUEDES VER TODOS LOS LADOS DE UNA DISCUSIÓN.

TIENES UNA MENTE ABIERTA Y GENERALMENTE ERES TÍMIDO, CONSERVANDO TUS CARTAS CELOSAMENTE ESCONDIDAS. ES DIFÍCIL DESENTRAÑAR LO QUE ESTÁS PENSANDO.

ERES INTELIGENTE Y MUY IMAGINATIVO, PUEDES PASAR MUCHAS HORAS PENSANDO Y FILOSOFANDO.

TU AFÁN CASI ENFERMIZO DE PERFECCIONISMO PUEDE, A MENUDO, JUGAR EN CONTRA TUYO.

AMOROSO Y DEDICADO A LA FAMILIA, ERES EL PRIMERO EN ACUDIR CUANDO ALGUIEN NECESITA CUIDADOS.

Amuletos para Virgo

¿CREEMOS EN LAS FUERZAS OCULTAS? ¡SÍÍÍ! ¿Y CREEMOS EN LOS AMULETOS? ¡TAMBIÉÉÉÉN! PUES TIRA YA ESA PATA DE CONEJO RANCIA, ESTOS SON LOS AMULETOS QUE TE AYUDARÁN A CONSEGUIR TODAS TUS METAS.

LOS AMULETOS MÁS PODEROSOS PARA LOS VIRGO SON LOS CRISTALES. DELICADOS, SENCILLOS, IMPERMEABLES A TODO... REFLEJAN LAS VIRTUDES Y LOS DEFECTOS DE LOS VIRGO, Y A LA VEZ OS LLENAN DE UNA ENERGÍA RENOVADA. CUARZOS, ESFERAS DE VIDRIO, PIRÁMIDES DE CRISTAL: TODO OBJETO DE PODER REALIZADO EN ESTE MATERIAL RESULTARÁ SANADOR Y ENERGÉTICO PARA TI. SIEMPRE TEN A MANO PIEZAS, JOYAS Y OBJETOS DE VIDRIO. LLENA TU CASA DE ESPEJOS PERO (ESO SÍ) NO CEDAS A LA TENTACIÓN DEL NARCISISMO.

COLOR BLANCO ES EL ÚNICO SIGNO DEL ZODIACO SIMbolizado por una mujer, y como tal tuyos son los atributos de lo femenino, y el color que se relaciona de manera más habitual con el mundo de la mujer es el blanco. Es, también, el color de los nuevos principios, de los renacimientos, del asombro. Color energético y luminoso, no sólo será tu mejor elección al momento de vestir: también te llenará de energía positiva si te rodeas de él en tu hogar, trabajo y día a día.

AZOGUE. Tu mejor aliado es el azogue, el metal con el que antiguamente se elaboraron los primeros espejos. Este material brillante y reflejante te sirve como un recordatorio de que en el mundo somos incapaces de brillar si no acudimos a los otros: un espejo, una persona, una causa... Debes aprender que los otros existen y hacer lo que está en tus manos renovadoras por ellos. Para recordártelo, llena tu casa de espejos.

CUARZO. Las rocas cristalinas nacidas en el corazón de la tierra son la joya que todo Virgo debe utilizar y a la que debes recurrir para capturar

ENERGÍA QUE TE PREVENGA DE LOS PROBLEMAS QUE TE PUEDEN SALIR AL PASO EN EL MUNDO. UN SENCILLO COLGANTE O ANILLO CON CUARZO SANARÁ MALES Y DESÁNIMO Y UNA ROCA DE ESTE MATERIAL SERÁ UN GRAN ALIADO PARA EVITAR QUE LAS MALAS VIBRACIONES ACAMPEN EN TU HOGAR.

NARCISO ESTA SENCILLA FLOR DE BLANCO Y AMARILLO PÉTALO ES EN SÍ MISMA UN SÍMBOLO DE LA CONDICIÓN DE VIRGO, PUES REMITE AL MITO DE NARCISO, AQUEL JOVEN ENAMORADO DE SÍ MISMO QUE CAYÓ EN LAS AGUAS AL TRATAR DE ABRAZAR A SU REFLEJO. ES UN RECORDATORIO DE LA BELLEZA Y DE SUS RIESGOS, Y UN ALIADO QUE LLENARÁ TU HOGAR DE PUREZA Y BUENAS VIBRACIONES SI TIENES EN TUS BALCONES O VESTÍBULO UN MACIZO DE ELLAS.

 AMULETO DOMÉSTICO PARA VIRGO 

HAZTE CON UN BONITO CRISTAL Y DÉJALO EN TU VENTANA BAJO LA LUZ DE UNA NOCHE DE LUNA LLENA. ESTARÁ CONSAGRADO Y AL DEJARLO A TU LADO DE LA CAMA PODRÁS RECIBIR SUEÑOS DE VENTURA, QUE TE AYUDARÁN EN TUS DECISIONES Y SI LO PORTAS CONTIGO, TE DARÁ PROTECCIÓN.

YO CUIDARÉ DE TI
10
15
27
TUS NÚMEROS DE LA SUERTE

Tus miedos

¿Y A QUÉ LE TIENE MIEDO EL FABULOSO VIRGO?

TIENES LAS PRIORIDADES BIEN CLARITAS, SABES LO QUE QUIERES Y CUÁNDO LO QUIERES: AHORA Y AHORA. Y ESO REQUIERE DE UN GRAN ESFUERZO, DE UNA VITALIDAD DESMEDIDA. PARA ELLO HACE FALTA UN CUERPO (Y UNA MENTE) QUE RESPONDA A LAS ALTURAS DEL RETO.

NO ES NECESARIO RECORDAR QUE ERES ES EL SIGNO MÁS CUIDADOSO CON TU FÍSICO: TE EJERCITAS, CUIDAS TU DIETA, ACUDES A REVISIONES PERIÓDICAS AL BORDE DE LA HIPOCONDRÍA... TODO ELLO ES UN INTENTO DE ENFRENTARTE A TU MIEDO MÁS PROFUNDO: LA ENFERMEDAD.

LA ENFERMEDAD ES EL MAYOR DE LOS TEMORES DE LOS VIRGO. PERDER LA CAPACIDAD DE GOZAR DE LA VIDA, DE TOMAR AL VUELO LO QUE OFRECE, DE PODER VIAJAR, BAILAR, AMAR...

LA ENFERMEDAD ES EL PEOR DE LOS ESCENARIOS POSIBLES PARA CUALQUIER PERSONA, SIN IMPORTAR SU SIGNO, PERO EN EL CASO DE VIRGO ES UN MIEDO QUE VIVES A FLOR DE PIEL TODO EL TIEMPO.

CREES QUE LAS EXPERIENCIAS VITALES SE ACABAN CON LA DEBILIDAD, EL ENCIERRO, LAS LIMITACIONES QUE IMPONEN LA MEDICINA Y LA CONVALECENCIA. ES ALGO MÁS COMPLICADO QUE LA MERA HIPOCONDRÍA: ES UN MIEDO A QUE TODO SÍNTOMA, POR PEQUEÑO QUE SEA, IMPLIQUE EL FINAL DE LOS DELEITES DE LA VIDA.

¿CÓMO PUEDES VENCER TUS MIEDOS?

ES HABITUAL QUE LOS VIRGO OS ENCONTRÉIS, A LO LARGO DE TODA VUESTRA VIDA, CON PERSONAS QUE, CON CIERTO AIRE DE SUPERIORIDAD, OS DICEN QUE EXAGERÁIS, QUE NO OS VÁIS A MORIR POR ESTE DOLOR O POR AQUEL, QUE SOIS QUEJICAS Y QUE PADECÉIS EN VANO.

SIN EMBARGO, LOS VIRGO VIVÍS EL MIEDO A LA ENFERMEDAD CON INTENSIDAD. UN TEMOR, QUE COMO TODAS LAS FOBIAS, TIENE SUS PARTES BUENAS (OS OBLIGA A CUIDAROS EN TODOS LOS ASPECTOS) Y SU PARTE MALA.

EL MIEDO A LA ENFERMEDAD, VIRGO, NO DEBE ENFERMARTE, NI HACERTE RENUNCIAR A LA FELICIDAD NI VIVIR EN LA AMARGURA. NO TE AÍSLES DE UN MUNDO QUE TANTO TIENE PARA DARTE: LA INCERTIDUMBRE ES PARTE –BIENVENIDA– DE LA VIDA.

RELÁJATE. LO QUE TENGA QUE VENIR, VENDRÁ, INDEPENDIENTEMENTE DE SI TE HAS PREOCUPADO ANTES O NO. DISFRUTA DE LA VIDA TODOS LOS DÍAS.

La vida no
se mide en
minutos,
se mide en
momentos.

Hablemos de lo que importa: el AMOR

PUEDES TENER A VECES DIFICULTADES PARA MANTENER LAS RELACIONES. ERES MUY VARIABLE Y NECESITAS SIEMPRE SENTIRTE ESPECIAL, TAL COMO TÚ HACES SENTIR A QUIENES AMAS.

SIN EMBARGO, TAMBIÉN ERES UNA PERSONA QUE BUSCAS UNA RUTINA EN LA CUAL APOYARTE, PUESTO QUE NECESITAS DE UNA ESTRUCTURA PARA LLEVAR ADELANTE TU VIDA COTIDIANA. POR ESTO MISMO, TU PAREJA DEBERÁ SABER ENCONTRAR EL PUNTO DE EQUILIBRIO ENTRE LA RUTINA QUE BUSCAS PERO SIN QUE ESTA SEA EXCESIVA COMO PARA QUE AMBOS OS ABURRÁIS DE LA RELACIÓN.

NO ACEPTAS RELACIONES PASAJERAS, PERO TAMPOCO SABES ESTAR SOLO, POR LO QUE SIEMPRE ANDAS EN BUSCA DE UNA PAREJA A TU LADO, ALBERGANDO EL SECRETO ANHELO DE QUE ESTA VEZ SEA PARA SIEMPRE. NO

Sueles dejar **traslucir los sentimientos** que hay en tu interior: tus parejas deberán indagar en tu interior y sonsacarte en palabras las emociones que queman en tu pecho. Sólo así podrán estar al tanto de tus miedos y preocupaciones.

Si te enamoras de verdad, pierdes un poco la cabeza. Cuando estás delante de la persona que te gusta eres más tímido de lo habitual, exageras tu carácter amable, te pones muy nervioso... Se pilla fácilmente a un virgo enamorado.

Sueles tratar con mucho **cariño y respeto** a tu pareja.

Tienes grandes cualidades intelectuales y analíticas, por lo que el romance y todos los previos antes de iniciar una relación sentimental son indispensables para que descargues toda tu energía cálida y envolvente.

Tu mayor secreto es que te gustaría ser un poco más atrevido.

NO MANEJAS MUY BIEN LA PARTE EMOCIONAL Y SERÍA BUENO PARA TI QUE EMPEZARAS A HACERLO, SOBRE TODO TRATANDO DE MOSTRAR EMPATÍA POR LAS SITUACIONES DE LOS DEMÁS. EN OCASIONES ERES MUY APÁTICO A LAS VIVENCIAS DE LOS OTROS Y POR ELLO TE PUEDES MOSTRAR BASTANTE INJUSTO FRENTE A TU PAREJA.

TE ENCUENTRAS TAN INMERSO EN TUS PROPIOS PROYECTOS, QUE A VECES PASAS POR ALTO QUE A TU ALREDEDOR SUCEDEN COSAS QUE EXCEDEN AL PENSAMIENTO PRÁCTICO Y QUE TIENEN QUE VER CON EL CORAZÓN.

HUMANIZARTE SERÍA EL CONSEJO PERFECTO PARA TI. Y COMPRENDER QUE NUNCA DEBES MINIMIZAR LAS EMOCIONES AJENAS SÓLO PORQUE TÚ MISMO NO LAS EXPRESAS O LAS SIENTES DE IGUAL FORMA.

RELAJARTE, DISFRUTAR UN POCO, PERMITIRTE DEJAR ALGUNAS COSAS PARA MÁS TARDE, NO PROGRAMARLO TODO. DEJAR QUE LA VIDA TE DESPEINE Y TE ENSEÑE A IMPROVISAR TE HARÁ DESCUBRIR NUEVOS PLACERES.

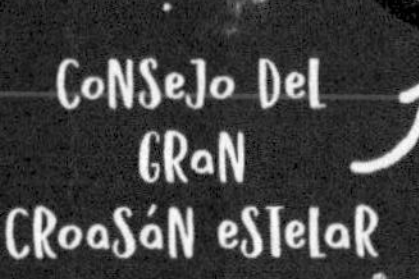

NO HAY INVERSIÓN SEGURA.
AMAR ES VOLVERSE VULNERABLE.
CONSEJO DEL GRAN CROASÁN ESTELAR

VIRGO Y VIRGO

LA COMPATIBILIDAD ES MUY ALTA Y EN ESTA RELACIÓN LA PALABRA CLAVE ES EL PERFECCIONISMO Y DE AHÍ SE DERIVA TAMBIÉN EL PRINCIPAL PROBLEMA: DEBÉIS INTENTAR SUPERAR EXIGENCIAS EXCESIVAS. SOIS TREMENDAMENTE APLICADOS Y SI FUNCIONÁIS COMO PAREJA, JUNTOS SERÉIS CAPACES DE MOVER MONTAÑAS.

ESTA UNIÓN NO ES NADA EGOÍSTA Y LOS CELOS TAMPOCO SUPONDRÁN PROBLEMAS, NO SOIS UN SIGNO POSESIVO NI CELOSO.

SOIS MUY PRÁCTICOS Y NO SERÁ UNA RELACIÓN MUY ROMÁNTICA. EXPRESARÉIS VUESTRO AMOR EL UNO POR EL OTRO A TRAVÉS DE PEQUEÑOS DETALLES Y NO CON POESÍA O FLORES. INTENTAD ESFORZAROS PARA QUE LA MONOTONÍA NO SE CONVIERTA EN UN RASGO DE LA RELACIÓN.

LAS RELACIONES SEXUALES SERÁN FÁCILES, YA QUE TENÉIS UN MODO SIMILAR DE EXPRESAR EL AMOR.

CONSEJO PARA HACER QUE FUNCIONE (AÚN MEJOR)

EVITAR QUE LOS ESTÁNDARES DE AMBOS SEAN TAN ELEVADOS QUE NINGUNO DE VOSOTROS PUEDE ALCANZARLOS.

VIRGO Y LIBRA

LA COMPATIBILIDAD NO ES ALTA Y PARA QUE FUNCIONE LA RELACIÓN AMBOS TENDRÉIS QUE TRANSIGIR. NO OBSTANTE, CUANDO FUNCIONA PUEDE FORMARSE UNA PAREJA MUY EQUILIBRADA Y ESPECIAL.

VIRGO NO ES ESPECIALMENTE SOCIABLE Y PREFIERE PEQUEÑAS REUNIONES, MIENTRAS QUE LIBRA ES MUCHO MÁS EXTROVERTIDO. TENDRÉIS QUE TRANSIGIR ALGO PARA QUE VIRGO NO SE IRRITE Y LIBRA NO SE SIENTA CONTROLADO E IMPLEMENTAR REAJUSTES Y HABLAR MUCHO PARA LOGRAR UN EQUILIBRIO QUE OS SATISFAGA A AMBOS.

LA COMPATIBILIDAD SEXUAL ES MUY BUENA, AUNQUE LIBRA SUELE SER MÁS ATREVIDO. ES ACONSEJABLE QUE SE CONTROLE UN POCO AL PRINCIPIO DE LA RELACIÓN, YA QUE VIRGO NO PODRÁ CORRESPONDERLE HASTA QUE SE SIENTA TOTALMENTE SEGURO CON SU PAREJA.

 CONSEJO PARA HACER QUE FUNCIONE

VIRGO DEBE INTENTAR SER MENOS EXIGENTE Y MÁS COMPRENSIVO Y LIBRA TRATAR DE ENCAJAR LAS CRÍTICAS DE SU PAREJA E INTENTAR PONER EN PRÁCTICA SUS SUGERENCIAS EN VEZ DE VIVIRLAS COMO UN ATAQUE.

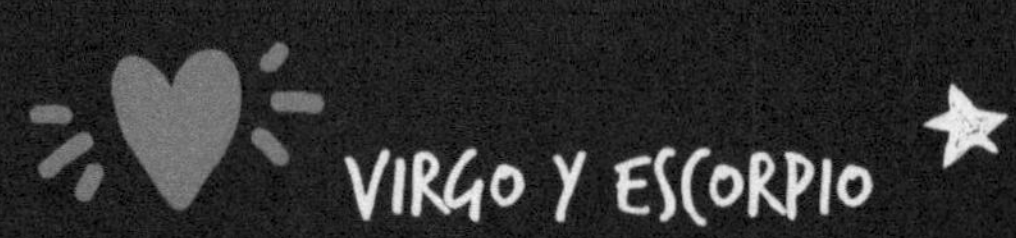

VIRGO Y ESCORPIO

LA COMPATIBILIDAD ES BASTANTE ALTA. ESTA RELACIÓN SUELE SER FRUCTÍFERA EN MUCHOS SENTIDOS.

AMBOS SIGNOS CONECTÁIS MUY BIEN, PORQUE VIRGO ES EL SIGNO DE AMISTAD Y REALIZACIÓN PARA ESCORPIO, MIENTRAS QUE ESCORPIO REPRESENTA EL SIGNO DE COMUNICACIÓN PARA VIRGO.

AMBOS TENÉIS UN ENFOQUE PRÁCTICO ANTE LA VIDA. NO OBSTANTE LOS ESCORPIO SON MÁS AVENTUREROS QUE EL PRUDENTE VIRGO.

AMBOS SOIS MUY EXIGENTES, AUNQUE DE DISTINTA MANERA. LOS ESCORPIO SUELEN TENER MUCHA FUERZA DE VOLUNTAD Y NO EVITAN LAS CONFRONTACIONES. LOS VIRGO SON IGUAL DE DECIDIDOS, PERO MÁS CEREBRALES Y PRUDENTES Y A LARGO PLAZO, PUEDEN SENTIR QUE ESCORPIO ES UNA PERSONA INSENSIBLE, QUE NO RESPETA SUS NECESIDADES EMOCIONALES.

 CONSEJO PARA HACER QUE FUNCIONE (¡AÚN MEJOR!)

LOS DOS TENDRÉIS QUE CONTROLAR VUESTRA TENDENCIA A EXIGIR DEMASIADO PARA QUE LA RELACIÓN FUNCIONE.

VIRGO Y SAGITARIO

LA COMPATIBILIDAD NO ES MUY ALTA PORQUE SOIS MUY DIFERENTES. VIRGO PRESTA ATENCIÓN A LOS PEQUEÑOS DETALLES Y SAGITARIO TIENDE A CENTRARSE EN UNA VISIÓN MÁS GLOBAL.

PERO LA RELACIÓN TIENE UNA COSA IMPORTANTE A SU FAVOR: AMBOS SIGNOS SON MUTABLES LO QUE INDICA ADAPTABILIDAD. POR LO QUE QUE SI APRENDÉIS A ACEPTAR LOS PUNTOS DE VISTA DEL OTRO ALCANZARÉIS EL ÉXITO.

VIRGO SE VERÁ ATRAÍDO POR EL ESPÍRITU VALIENTE Y AVENTURERO DE SAGITARIO Y ÉSTE OBTENDRÁ LA SEGURIDAD QUE APORTA LA ESTABILIDAD QUE OFRECE VIRGO.

SEXUALMENTE HAY UNA GRAN DIFERENCIA DE ESTILO POR LO QUE VIRGO DEBERÁ DEJAR DE ANALIZARLO TODO EN EXCESO PARA DISFRUTAR EL MOMENTO Y EL EXPERIMENTADO SAGITARIO DEBERÁ TENER PACIENCIA.

 ## CONSEJO PARA HACER QUE FUNCIONE

VIRGO NECESITARÁ DEJAR A UN LADO SUS CRÍTICAS SOBRE CADA DETALLE Y VISUALIZAR EL RESULTADO EN LUGAR DEL PROCESO; MIENTRAS QUE SAGITARIO DEBERÍA PENSAR UN POCO MÁS EN EL PROCESO Y MENOS EN EL RESULTADO.

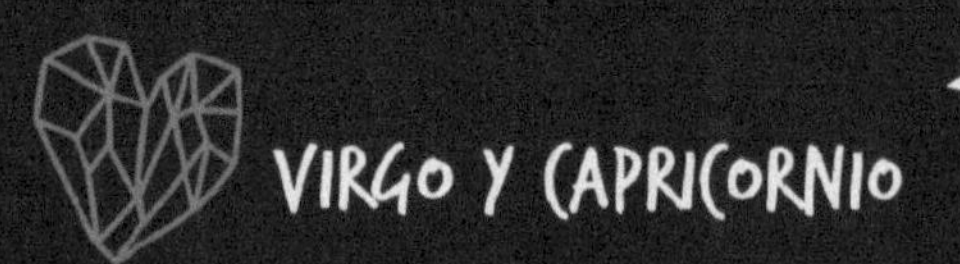

VIRGO Y CAPRICORNIO

LA COMPATIBILIDAD ES MUY ALTA. VIRGO TENDRÁ UNA COMPENETRACIÓN INMEDIATA CON CAPRICORNIO.

AMBOS SOIS REALISTAS, LEALES Y POSEÉIS LA MADUREZ NECESARIA PARA ENCONTRAR SOLUCIONES REALES A PROBLEMAS DIFÍCILES.

VIRGO TIENE UNA ENERGÍA CAUTIVADORA Y ENÉRGICA CON LA QUE CONTAGIAR A CAPRICORNIO Y DARLE ESA CHISPA DE DIVERSIÓN QUE NECESITA LA RELACIÓN.

LA PERSONALIDAD DE VIRGO ES SENCILLA DE DESCIFRAR, POR LO QUE CAPRICORNIO PODRÁ TOMAR CONFIANZA RÁPIDAMENTE Y DISFRUTAR DE FORMA PLENA LA RELACIÓN.

TENDRÉIS EXCELENTES RELACIONES SEXUALES, PUESTO QUE VUESTRAS NECESIDADES Y DESEOS SON SIMILARES. LOS CAPRICORNIO SE ENCONTRARÁN CON QUE SON INUSUALMENTE CARIÑOSOS Y PROTECTORES CON SU PAREJA VIRGO, QUIEN A SU VEZ, SE DELEITARÁ CON LA SEGURIDAD Y EL AMOR QUE LE OFRECE CAPRICORNIO.

CONSEJO PARA HACER QUE FUNCIONE (¡AÚN MEJOR!)

CUANDO HAYA DIFERENCIAS DE OPINIÓN, ECHAD MANO DE LA BUENA COMUNICACIÓN QUE EXISTE ENTRE VOSOTROS.

# VIRGO Y ACUARIO

COMPATIBILIDAD BAJA. TENDRÁ QUE HABER MUCHO AMOR PARA QUE LA RELACIÓN FUNCIONE. DEBÉIS DE CEDER AMBOS PORQUE TENÉIS FILOSOFÍAS DE VIDA MUY DISTINTAS.
AMBOS SOIS MUY RESERVADOS Y LA CONQUISTA POR MOMENTOS PUEDE PARECER UNA ODISEA. SI LA RELACIÓN NO FUNCIONA, AMBOS MIRARÉIS RÁPIDO HACIA OTRO LADO. SIN EMBARGO, UNA VEZ QUE ESTÁIS ENAMORADOS Y CONVENCIDOS DE ESTE AMOR SOIS MUY ABIERTOS Y SENSIBLES.
SI PROYECTÁIS FORMAR UNA FAMILIA PODÉIS TENER GRAN ÉXITO EN ELLO Y SENTIROS MUY SEGUROS EN LA CRIANZA DE VUESTROS HIJOS.
LA LIBERTAD ES ALGO QUE NINGUNO ESTÁ DISPUESTO A RESIGNAR Y APRENDERÉIS A SER LIBRES AL LADO DE LA PERSONA QUE AMÁIS.
SEXUALMENTE ESTABLECÉIS UN VÍNCULO MUY INTENSO Y SENSUAL. LA ATRACCIÓN QUE SENTÍS ES MUY GRANDE.

 CONSEJO PARA HACER QUE FUNCIONE 

INTENTAD PONER VUESTRAS HABILIDADES, CLARAMENTE DIFERENTES, A TRABAJAR POR UNA BUENA CAUSA, PUEDE SER VUESTRA PROPIA RELACIÓN U OTRA META COMÚN.

VIRGO Y PISCIS

LA COMPATIBILIDAD ES MUY BUENA A PESAR DE UNA CON-
TRADICCIÓN ENTRE LOS DOS SIGNOS: POR NATURALEZA SOIS
OPUESTOS, ALGO QUE PARADÓJICAMENTE EN EL MUNDO
ASTRAL SE TOMA COMO UN INDICADOR MUY POSITIVO EN
CUANTO A LAS RELACIONES AMOROSAS Y DE MATRIMONIO.
AL MISMO TIEMPO, VUESTROS ENFOQUES DE LA VIDA Y
VUESTRAS PERSONALIDADES SON MUY DIFERENTES.
PISCIS ES MUY ROMÁNTICO Y MUY SENSIBLE A LOS SEN-
TIMIENTOS Y NECESIDADES DE LOS DEMÁS, PERO CON VIRGO
SUELE SABER TRANSMITIRLE MUCHA PASIÓN. EL EXCESO DE
ROMANTICISMO DE LOS PISCIS COMPENSA LA FALTA DE RO-
MANTICISMO DE SU PAREJA VIRGO.
VIRGO PUEDE AYUDAR A SU PAREJA PISCIS A MATERIALIZAR
SUS SUEÑOS E IDEAS. ADEMÁS, COMO NINGUNO DE LOS DOS
SOIS NI MUY AMBICIOSOS NI ENVIDIOSOS, CONSIDERARÉIS LOS
ÉXITOS DEL OTRO COMO UN ÉXITO DE LOS DOS.

CONSEJO PARA HACER QUE FUNCIONE (¡AÚN MEJOR!)

VIRGO DEBERÍA APRENDER A CONTENERSE Y NO CRITICAR DE
FORMA EXCESIVA A SU PAREJA. PISCIS DEBERÍA NO TENDER
TANTO AL DRAMA CUANDO HAYA DISCUSIONES.

VIRGO Y ARIES

LA COMPATIBILIDAD ES REGULAR. LOS VIRGO SUELEN SER BASTANTE FRÍOS, PRÁCTICOS Y A VECES, CRÍTICOS, LO QUE SUPONE UN CONTRASTE PARA LOS ARIES QUE SON RÁPIDOS, IMPETUOSOS E IMPULSIVOS.

LOS DOS TENÉIS COSAS QUE OFRECEROS MUTUAMENTE SI SOIS LO BASTANTE ABIERTOS Y TENÉIS SUFICIENTE INTERÉS COMO PARA SUPERAR LAS BARRERAS. VIRGO PUEDE EN-SEÑARLE MUCHO A ARIES SOBRE LA IMPORTANCIA DEL ORDEN Y LA PLANIFICACIÓN; Y ÉL PUEDE APRENDER DE ARIES CÓMO AVANZAR MÁS SIN MIEDOS, SER MÁS LANZADO. ARIES ES SIMPLE Y FRANCO, MIENTRAS QUE VIRGO ES MÁS COMPLEJO, DIFÍCIL DE ENTENDER Y PROPENSO A COMPLICAR DEMASIADO LAS COSAS. A LOS VIRGO, LA SIMPLICIDAD Y EL EGO DE ARIES LES PUEDE PARECER BASTANTE SUPERFICIAL, MIENTRAS QUE ARIES PUEDE CUESTIONAR LA TENDENCIA DE VIRGO A HACER LAS COSAS MÁS DIFÍCILES DE LO QUE SON.

 CONSEJO PARA HACER QUE FUNCIONE 

QUE VIRGO APROVECHE EL ÍMPETU DE ARIES PARA SER MÁS ATREVIDO EN LA RELACIÓN Y ARIES APRENDA A "PARARSE A OLER LAS FLORES" JUNTO A SU PAREJA VIRGO.

VIRGO Y TAURO

LA COMPATIBILIDAD ES EXCELENTE. PODRÉIS DISFRUTAR DE UNA VIDA CON MUCHA ARMONÍA. A NINGUNO DE LOS DOS OS GUSTAN LAS EXTRAVAGANCIAS NI LAS INCONSISTENCIAS. EN VUESTRA RELACIÓN NO FALTARÁ DEDICACIÓN Y LEALTAD. LOS DOS SOIS SIGNOS DE TIERRA Y CUANDO SE COMBINA TIERRA CON TIERRA SE OBTIENE UNA BASE SÓLIDA. OS ATRAÉIS MUTUAMENTE DE FORMA NATURAL. LA CONEXIÓN KÁRMICA ES TAN FUERTE QUE MUCHAS PARE-JAS VIRGO-TAURO SIENTEN COMO SI YA CONOCIERAN AL OTRO DE INCLUSO ANTES DE ENCONTRARSE. VIRGO ES MÁS PERFECCIONISTA Y ABSORBENTE QUE TAURO POR LO QUE SE PUEDE SENTIR HERIDO CUANDO TAURO NECESITE SUS RATOS DE SOLEDAD O SILENCIO. POR SU PARTE, TAURO PUEDE ENCONTRAR AGOTADOR EL DESEO DE VIRGO DE ANALIZARLO TODO HASTA EL MÁS MÍNIMO DETALLE. COMPARTIRÉIS MUCHO PLACER SEXUAL, ALGO QUE PUEDE COMPENSAR OTRAS DEBILIDADES DE LA RELACIÓN.

CONSEJO PARA HACER QUE FUNCIONE (¡AÚN MEJOR!)

VIRGO DEBE DEJAR ATRÁS SUS DUDAS DE PERFECCIONISTA Y SENCILLAMENTE DISFRUTAR Y TAURO SER MÁS TOLERANTE.

LA COMPATIBILIDAD ES BASTANTE ALTA. AÚN ASÍ, GÉMINIS TIENE UNA VISIÓN MUY AMPLIA DE LAS COSAS Y LE CUESTA ADENTRARSE EN LOS DETALLES O BUSCAR LA PERFECCIÓN DEL MODO QUE LE GUSTA A VIRGO. DE AHÍ QUE PARA QUE LA RELACIÓN SEA SATISFACTORIA, AMBOS DEBERÉIS AMPLIAR UN POCO VUESTRO ENFOQUE MENTAL. VIRGO PUEDE OFRECER UN HOGAR ESTABLE A GÉMINIS CUANDO NECESITE REFUGIARSE O DESCANSAR DE SU ACTIVIDAD FRENÉTICA; SE SENTIRÁ SEGURO JUNTO A VIRGO Y LO SABRÁ AGRADECER CON CRECES.

SOIS DIFERENTES SEXUALMENTE, VIRGO ES BASTANTE CONSERVADOR Y GÉMINIS, REGIDO POR VENUS, ES MÁS SENSUAL Y JUGUETÓN. SI VIRGO ES CAPAZ DE LANZARSE DE CABEZA, LA RELACIÓN SERÁ SATISFACTORIA PARA AMBOS, PERO LE LLEVARÁ SU TIEMPO Y GÉMINIS DEBERÁ TENER PACIENCIA PARA CONSEGUIR QUE VIRGO DEJE A UN LADO SU PRUDENCIA Y SE VUELVA MÁS ATREVIDO.

CONSEJO PARA HACER QUE FUNCIONE (¡AÚN MEJOR!)

LOS DOS DEBERÍAIS ESFORZAROS EN COMPRENDER Y ESCUCHAR MÁS A VUESTRA PAREJA.

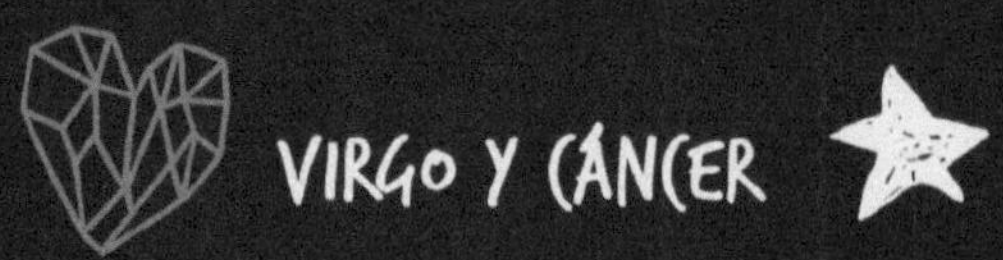

VIRGO Y CÁNCER

ESTA COMBINACIÓN PRODUCE GRANDES RESULTADOS A TODOS LOS NIVELES. LA SENSIBILIDAD DE LA LUNA QUE RIGE CÁNCER, Y MERCURIO, INTELECTUALMENTE BRILLANTE, CONSTITUYEN UNA MEZCLA MARAVILLOSA.

EN OCASIONES VIRGO TENDRÁ PROBLEMAS PARA ENTENDER LOS FRECUENTES CAMBIOS DE HUMOR DE CÁNCER. SIN EMBARGO, DEBIDO A QUE VIRGO ES MUY RECEPTIVO, TENDERÁ CON EL TIEMPO A HACERSE MÁS RESPONSABLE DE LAS NECESIDADES DE CÁNCER QUIEN, A SU VEZ, APRENDERÁ A SER MÁS RAZONABLE EN SUS EXIGENCIAS.

VIRGO, MUY PERFECCIONISTA, TIENDE A CRITICAR Y JUZGAR, LO QUE PUEDE CAUSAR ALGÚN CONFLICTO CON CÁNCER, QUE SUELE SER MUY SUSCEPTIBLE A LAS CRÍTICAS. VIRGO SE TENDRÁ QUE CONTROLAR AL DAR SU OPINIÓN CONTRARIA SI NO QUIERE QUE CÁNCER SE RETRAIGA Y SE ENCIERRE EN SU CONCHA.

DESARROLLARÉIS UNOS LAZOS SEXUALES MUY SÓLIDOS.

CONSEJO PARA HACER QUE FUNCIONE (¡AÚN MEJOR!)

CÁNCER DEBE EVITAR NO PRESIONAR CONSTANTEMENTE A VIRGO Y ÉSTE AYUDAR A CÁNCER A PISAR MÁS LA TIERRA.

VIRGO Y LEO

NO SOIS ESPECIALMENTE COMPATIBLES. LEO BUSCA SER EL CENTRO DE ATENCIÓN, MIENTRAS QUE VIRGO ES UNA PERSONA MUCHO MÁS PRIVADA. PODÉIS LLEGAR AL ENFRENTAMIENTO CON FACILIDAD PERO A PESAR DE ELLO TAMBIÉN SE PUEDEN CONSTRUIR RELACIONES SENTIMENTALES MUY IMPORTANTES, DURADERAS E INTENSAS.

CONOCÉIS CON PROFUNDIDAD EL JUEGO DEL AMOR Y LO PRACTICÁIS SIN MEDIDAS CUANDO ESTÁIS CONVENCIDOS. ADORÁIS LA SENSUALIDAD Y LA SEDUCCIÓN PERMANENTE.

VIRGO PUEDE DOMINAR EL INSTINTO DEL LEÓN COMO POCOS PERO SE ENCONTRARÁ CON UNA PERSONALIDAD A LA QUE NO LE GUSTA QUE LE MARQUEN NINGÚN ERROR. DEBERÁ INGENIÁRSELAS PARA HACERSE ENTENDER.

VIRGO DEBE APOSTAR FUERTE A SU SEDUCCIÓN Y ENCANTO PARA QUE LEO NO SE ABURRA DE LA RELACIÓN Y SIGA CONFIANDO EN LA CONTINUIDAD Y LEO INTERESARSE POR LA VENA ARTÍSTICA E INTELECTUAL DE VIRGO.

CONSEJO PARA HACER QUE FUNCIONE

ES IMPORTANTE QUE CADA UNO RESIGNE UN POCO DE SU ORGULLO PARA EVITAR ENFRENTAMIENTOS SIN SENTIDO.

CÓMO ENAMORAR A LOS OTROS SIGNOS

INDEPENDIENTEMENTE DE LA CLARIFICADORA INFORMACIÓN PREVIA, EL AMOR VIENE ASÍ DE ESTA MANERA, Y TE HAS ENAMORADO DE OTRO SER HUMANO (ESPERO), AQUÍ VAN LOS CONSEJOS INFALIBLES PARA QUE VIRGO ENAMORE A CADA UNO DE ELLOS:

ARIES: PARA QUE FUNCIONE TIENE QUE HABER MUCHO AMOR Y PERSEVERANCIA. ARIES AMA CON IMPACIENCIA, IMPULSIVIDAD Y PASIÓN. GENERALMENTE IDEALIZA A LA PERSONA QUE LE GUSTA, ASÍ QUE TENDRÁS QUE DEVOLVERLE TODO EL AMOR Y LA ENTREGA QUE ÉL TE OFRECE. LAS INDECISIONES LE PUEDEN ABURRIR; DEJA DE PENSAR Y COMIENZA A SENTIR SI QUIERES ENAMORARLO.

TAURO: AMBOS VALORÁIS LA TRANQUILIDAD Y VIVÍS CON LA MIRADA PUESTA EN LA REALIDAD. PARA ENAMORARLE DEMUÉSTRALE ESTAS COMPATIBILIDADES. SE SENTIRÁ SEGURO CONTIGO. DEMUÉSTRALE QUE ADEMÁS DE DIVERTIRSE ENCONTRARÁ ARMONÍA Y ESTABILIDAD A TU LADO.

GÉMINIS: LE SERÁ MUY DIFÍCIL CONCENTRARSE EN TUS RACIONALES EXIGENCIAS. NO QUIERE ENTENDER TUS RA-

ZONES; QUIERE DIVERTIRSE, JUGAR, DISFRUTAR DEL ROMANCE. NO LO PRESIONES NI LO CRITIQUES PORQUE CONFIRMARÁS SU INDECISIÓN. LO SEDUCIRÁS POR EL LADO DEL CONOCIMIENTO Y LA INTELECTUALIDAD.

CÁNCER: SE ENAMORARÁ SI LE PROPORCIONAS INTIMIDAD Y SEGURIDAD, POR ESO NO TARDES EN ABRIR TU CORAZÓN, PUEDES HACERLO SUFRIR SI NO COMPRENDE TU DISTANCIA. AMBOS DISFRUTÁIS DE LA TRANQUILIDAD, LAS DEMOSTRACIONES DE CARIÑO, LA VIDA HOGAREÑA. PERO ERES TÚ EL QUE TIENES QUE DEMOSTRÁRSELO ABRIÉNDOTE A ÉL. CÁNCER PUEDE PENETRAR EN TU INTERIOR, CONOCERTE Y ENAMORARSE SI TÚ LO DEJAS.

LEO: PARA ENAMORAR A LEO TENDRÁS QUE APRENDER A SEGUIRLE EL RITMO. LAS INDECISIONES Y EXCUSAS LO AHUYENTARÁN, ASÍ QUE MUÉSTRATE SIEMPRE DECIDIDO DURANTE LA CONQUISTA. DESPUÉS, TENDRÁS QUE SALIR DE TU RUTINA Y LANZARTE A LA AVENTURA. LEO NECESITA DIVERTIRSE, SOCIALIZAR Y EXPERIMENTAR NUEVAS EMOCIONES.

VIRGO: ENTIENDE A LA PERFECCIÓN TUS DESEOS Y MIEDOS, NO TEMAS EN COMUNICARTE ABIERTAMENTE CON ÉL. PARA ENAMORARLO, OFRÉCELE SEGURIDAD Y ESTABILIDAD.

DEMUÉSTRALE QUE AMÁIS AL MISMO RITMO Y APÓYALO EN SUS PROYECTOS Y OBJETIVOS. EL INTERÉS POR EL ÉXITO DEL OTRO, EL MOTIVARSE Y AYUDARSE MUTUAMENTE, SON LAS CUESTIONES QUE OS UNIRÁN.

LIBRA: AMA LA BELLEZA. PARA SEDUCIRLO, PROCURA CUIDAR TU ASPECTO FÍSICO Y COMPARTIR CON ÉL SALIDAS RELACIONADAS CON EL ARTE Y LA CULTURA, AMBIENTES CÁLIDOS, MÚSICA Y PLACERES. DEBERÁS SOCIALIZAR MÁS, PORQUE LIBRA NECESITA QUE LO ACOMPAÑEN EN SU AGITADA VIDA SOCIAL. ES SENSIBLE Y NO SOPORTARÁ CRÍTICAS EXCESIVAS. NO HAGAS QUE TE PERCIBA COMO UN INTOLERANTE.

ESCORPIO: LO ATRAERÁS DEMOSTRÁNDOLE QUE PUEDES SER DECIDIDO Y QUE ERES INDEPENDIENTE, A PESAR DE TU APARIENCIA SERENA Y REFLEXIVA. LE INTERESARÁ TAMBIÉN TU PRACTICIDAD Y SENTIDO DE LA ORGANIZACIÓN, YA QUE ÉL TAMBIÉN ES METÓDICO Y ORDENADO. TEN PACIENCIA SI TARDA EN DEMOSTRAR SUS SENTIMIENTOS, CUANDO ESTÉ SEGURO SE ENTREGARÁ POR COMPLETO.

SAGITARIO: SI QUIERES ENAMORARLO, PRIMERO TENDRÁS QUE EVITAR LAS CRÍTICAS HACIA SU ESPÍRITU VOLÁTIL Y LUEGO DEMOSTRARLE QUE PUEDES ESTAR A SU LADO SIN

CORTARLE LAS ALAS. ANÍMATE A CONTAGIARTE DE SU OPTIMISMO, VITALIDAD Y ESPÍRITU AVENTURERO. SI NO, LO ABURRIRÁS.

CAPRICORNIO: DEMUÉSTRALE TU PENSAMIENTO RACIONAL Y TU SENTIDO DEL ORDEN. SE SENTIRÁ ATRAÍDO POR LA POSIBILIDAD DE FORMAR EQUIPO CONTIGO. A LOS DOS OS CUESTA DEMOSTRAR LOS SENTIMIENTOS. TEN PACIENCIA Y PERSEVERANCIA, PERMITE QUE TE CONOZCA PRIMERO PARA QUE LUEGO PUEDA DESATAR SU PASIÓN.

ACUARIO: PARA ENAMORARLO, TENDRÁS QUE DEJAR ATRÁS LAS CONVENCIONES SOCIALES Y PATEAR LAS ESTRUCTURAS DE TU VIDA. ANÍMATE A LA AVENTURA, LA DIVERSIÓN Y LA BÚSQUEDA DE LA NOVEDAD CON ACUARIO. ÉL ENCONTRARÁ EN TI LA PRUDENCIA Y PERSEVERANCIA QUE NECESITA.

PISCIS: DEMUÉSTRALE QUE VUESTRAS PERSONALIDADES SE COMPLEMENTAN. PISCIS ES FANTASIOSO E IDEALISTA, ASÍ QUE NO LO CRITIQUES O LASTIMARÁS SU SENSIBILIDAD. EN CAMBIO, APORTA TU SENTIDO PRÁCTICO Y RACIONAL PARA COMPLEMENTARLO. LO CONQUISTARÁS A TRAVÉS DEL ROMANCE Y LA SENSUALIDAD. NO LO PRESIONES PARA CONCRETAR Y NO LE EXIJAS ORDEN NI ESTABILIDAD AL PRINCIPIO.

Virgo y el sexo

NORMALMENTE TE CUESTA MUCHO ENTREGARTE Y SUELE SER TRAS UNA LARGA RELACIÓN DE AMOR Y DE AMISTAD.

REQUIERES DE UN INICIO LENTO. LOS JUEGOS PRELIMINARES SON ESENCIALES TANTO PARA LOS HOMBRES COMO PARA LAS MUJERES PERTENECIENTES A ESTE SIGNO. SERÁ LA LLAVE QUE ABRIRÁ TU FUEGO INTERIOR. TE GUSTA QUE TE HABLEN MUCHO, QUE TE MIREN A LOS OJOS, QUE TE BESEN, TE ACARICIEN…

SIEMPRE BUSCAS LA PERFECCIÓN, TAMBIÉN EN ESTE CAMPO Y POR ESO EN EL SEXO ANALIZARÁS TU RELACIÓN TODO EL TIEMPO BUSCANDO QUÉ PUEDES MEJORAR O CAMBIAR.

TE GUSTA SENTIRTE CONFIADO Y TRANQUILO Y NO QUE TE PROVOQUEN MALINTERPRETACIONES INNECESARIAS.

NO TE GUSTA ESPECIALMENTE EXPERIMENTAR, TAMPOCO LOS JUEGOS SEXUALES NI LAS PALABRAS SUBIDAS DE TONO.

SÍ TE GUSTAN LAS POSTURAS TRADICIONALES, MUCHA HIGIENE, NADA DE IMPROVISACIÓN, QUE TODO SEA PROTOCOLARIO: EN LA CAMA, SIN LUZ Y POR LA NOCHE. ADEMÁS TE GUSTA IR HACIÉNDOTE UNA IDEA DE LO QUE VA A PASAR, PARA QUE NO TE PILLE DE SORPRESA.

TE DEJAS LLEVAR COMPLETAMENTE SÓLO CUANDO EXISTEN SENTIMIENTOS REALES HACIA LA OTRA PERSONA Y CUANDO SABES QUE ESE AMOR ES RECÍPROCO.

LOS SIGNOS MÁS COMPATIBLES CONTIGO SON CAPRICORNIO Y TAURO, SIGNOS DE TIERRA COMO TÚ Y QUE TIENEN LAS MISMAS EXIGENCIAS QUE TÚ EN EL SEXO.

Virgo y el trabajo

ERES UN SIGNO MUY PROFESIONAL, ES DE SUMA IMPORTANCIA PARA TI SER RECONOCIDO COMO UN BUEN TRABAJADOR. ES UNA META QUE TE HAS IMPUESTO DESDE TU FORMACIÓN, SIEMPRE SER EL MEJOR. NO TE IMPORTA TRABAJAR EN LA SOMBRA, PERO APRECIAS RECIBIR BUENAS CRÍTICAS POR TU TRABAJO.

GRACIAS A TU GRAN CAPACIDAD DE ANÁLISIS Y A LO DETALLISTA QUE ERES, UN TRABAJO EN EL ÁREA DE LA PROGRAMACIÓN INFORMÁTICA SERÍA IDEAL PARA TI, SOBRE TODO SI ESTÁ DEDICADO A CREAR PLATAFORMAS, APLICACIONES E INCLUSO VIDEO JUEGOS.

PUEDES SER UN GRAN CONSTRUCTOR, DESDE GRANDES PROYECTOS HASTA OBJETOS MUY PEQUEÑOS, PERO QUE REQUIERAN PACIENCIA Y TRABAJO DURO, COMO UN RELOJ

O UN SISTEMA INTERNO DE UN APARATO ELECTRÓNICO.

TE MANEJAS CON ÉXITO EN EL ÁREA DE SALUD PORQUE TIENES LA CAPACIDAD DE SER MUY EMPÁTICO CON LOS DEMÁS. ENFERMERO O MÉDICO SERÍA UNA PROFESIÓN IDEAL PARA TI, ALGO QUE TAMBIÉN REQUIERE SER METÓDICO Y PONER MUCHO OJO A LO QUE SE VA REALIZANDO.

TAMBIÉN PODRÍAS DEDICARTE A LA FABRICACIÓN DE MEDICAMENTOS, YA QUE TU INTELIGENCIA MUCHAS VECES ESTÁ LIGADA A LA CIENCIA Y ES ALGO QUE TE VA COMO ANILLO AL DEDO DEBIDO A TU SÚPER CAPACIDAD DE NO DEJAR ESCAPAR ERROR ALGUNO.

EN GENERAL TE VIENE MUY BIEN EL ESTAR LIGADO A TRABAJOS QUE TIENEN QUE VER CON LA MINUCIOSIDAD Y LA ESPECIALIZACIÓN EN UN ÁREA DETERMINADA.

PUEDES SER UN EXCELENTE CONTABLE FUNCIONAS MUY BIEN CON TODO TIPO DE NÚMEROS Y MANEJO DE DINERO. UNES TU CAPACIDAD ANALÍTICA CON TU ESMERO EN NO ARRIESGAR A LO LOCO Y EN ESTE CAMPO ERES UN CRACK.

PODRÍAS TAMBIÉN DEDICARTE CON ÉXITO A LA COLECCIÓN DE ARTÍCULOS Y A LA VENTA DE ANTIGÜEDADES, YA QUE TU AMPLIO CONOCIMIENTO DEL MUNDO Y DE LA HISTORIA TE PUEDEN AYUDAR EN ESTA LABOR. SIEMPRE ESTARÁS EN BÚSQUEDA DE LO MEJOR Y LO MÁS EXCLUSIVO, PORQUE ESA ES LA NECESIDAD QUE TIENES TODO EL TIEMPO, SER ÚNICO Y DEMOSTRAR LO QUE VALES COMO PROFESIONAL DE TU ÁREA DE ESPECIALIZACIÓN.

LAS LABORES QUE NO SON IDEALES PARA TI SERÍAN LAS QUE REQUIEREN EXPONERSE DEMASIADO O QUE DEMAN-DEN MUCHA RAPIDEZ Y NO CUENTEN CON LA NECESIDAD DE PONER TANTO OJO Y ESMERO.

VIRTUDES: EFICIENTE, FIABLE, ORDENADO, PERFECCIONISTA.

DEFECTOS: CRÍTICO, NERVIOSO, RETRAÍDO, TE SUBESTIMAS.

EL ARTE DEL DESCANSO ES UNA PARTE DEL ARTE DE TRABAJAR
SOY EL ASTEROIDE SABIO Y TENGO UN MENSAJE PARA TI

Virgo y la amistad

ERES ESE AMIGO QUE TODOS QUIEREN TENER, EL AMIGO IDEAL, EL QUE SIEMPRE ESTÁ EN LAS BUENAS Y EN LAS MALAS Y AL QUE LE DUELE LO QUE AL OTRO LE DUELE.

ERES MUY ENTREGADO. AMAS A TUS AMIGOS TANTO COMO A TU FAMILIA, DE HECHO TE GUSTA QUE TUS AMIGOS FORMEN PARTE DE TU FAMILIA Y SEAN CERCANOS A TUS SERES QUERIDOS, PORQUE ERES AMANTE DEL BIENESTAR COMÚN Y TE GUSTA QUE TODOS SE LLEVEN BIEN ENTRE SÍ. ESO TE HACE SENTIR REALMENTE LLENO.

NO ERES EL AMIGO DE LAS GRANDES IDEAS, DE LOS MEJORES PLANES, TAMPOCO EL MÁS GRACIOSO NI EL MÁS CREATIVO, PERO ERES EL QUE MÁS UNE A TODOS TUS AMIGOS.

ERES UN AMIGO SINCERO, DE ESOS QUE TE DICEN A LA

CARA LAS COSAS QUE NO QUIERES ESCUCHAR. PREFIERES QUE EL OTRO SUFRA, PERO QUE SALGA ADELANTE CON LA VERDAD. NUNCA ESCONDERÁS A UN AMIGO SI SU PAREJA LE HA SIDO INFIEL, SI LA ROPA QUE ESTÁ USANDO LE SIENTA MAL O SI ESTÁ TOMANDO LA DECISIÓN EQUIVOCADA. SIEMPRE QUERRÁS LO MEJOR PARA TUS AMIGOS. LO MALO QUE NO TODAS LAS PERSONAS ENTIENDEN O LES AGRADA ESTA CARACTERÍSTICA TUYA.

TE ENCANTA QUE TE RECONOZCAN LO BUEN AMIGO QUE ERES, PORQUE TÚ LO SABES, PERO ESCUCHARLO ES SABER QUE HA VALIDO LA PENA TODO EL ESFUERZO, EL TIEMPO Y EL EMPEÑO PUESTO EN CULTIVAR LAS AMISTADES QUE TIENES.

ERES UN AMIGO MUY SENSIBLE Y CUANDO LAS PERSONAS NO TE CORRESPONDEN EN TU ENTREGA DE AMISTAD O NO ESTÁN PARA TI CUANDO LAS NECESITAS SIMPLEMENTE LAS SACAS DE TU GRUPO DE PERSONAS CERCANAS. NO VAS A DEJAR DE TRATARLAS, PERO SÍ TE ENCARGARÁS DE TRABAJAR EN PRO DE HACER VER QUE EL CARIÑO QUE SENTÍAS POR ESA PERSONA HA CAMBIADO POR COMPLETO. PORQUE VIRGO PERDONA, PERO JAMÁS OLVIDA.

La página mágica

ESTE LIBRO ES MÁGICO, COMO TÚ, Y VIENE CON UN REGALO: LA PÁGINA MÁGICA.

AUSPICIADO POR TUS PROTECTORES, PODRÁS FORMULAR UN DESEO Y AL ESCRIBIRLO, EL DESEO SE CUMPLIRÁ EN EL MOMENTO PRECISO.

CONCÉNTRATE, RESPIRA HONDO E INVOCA A MERCURIO Y A TU CRISTAL DE LA SUERTE.

EL DESEO SE CUMPLIRÁ

MI DESEO ES:

Consejos de vida para Virgo

QUERIDO VIRGO, POSEES TODAS LAS ARMAS PARA LLEVAR UNA VIDA AGRADABLE Y FELIZ. TE ASEGURAS DE IR PASO A PASO CON CUIDADO DE NO TROPEZAR NUNCA.

QUIZÁS ESE EXCESO DE CELO TE HACE PERDER UN POCO LA CHISPA DE LA VIDA, LAS EMOCIONES, LAS AVENTURAS.

SÓLO VIVIMOS UNA VEZ Y AUNQUE LA TRANQUILIDAD Y EL SOSIEGO SON MUY AGRADABLES, PUEDEN MATAR UNA VIDA LLENA DE POSIBILIDADES.

DÉJATE LLEVAR UN POCO MÁS, HAZ MÁS CASO A ESA VO-CECITA QUE A VECES GRITA DENTRO DE TI: ARRIÉSGATE.

PORQUE, ¿SABES QUÉ, SÚPER VIRGO? TRABAJAS TANTO LA PREPARACIÓN QUE REALMENTE ESTÁS MUCHO MÁS CA-PACITADO A ENFRENTARTE A CUALQUIER IMPREVISTO DE

LO QUE PIENSAS.

ENFOCA TU GRAN SENSIBILIDAD EN DESARROLLARTE CREATIVAMENTE TODO LO QUE PUEDAS, SI DAS RIENDA SUELTA A TU VENA CREATIVA PUEDES LLEGAR A SER UN ARTISTA CONSAGRADO. LA MEZCLA DE SENTIMIENTO Y ESFUERZO TE PUEDE HACER ALCANZAR GRANDES COTAS DE ÉXITO. NO DEJES QUE EL MUNDO SE PIERDA TODO ESO QUE TE QUEMA DENTRO.

DEJA SALIR CON MÁS FRENCUENCIA TUS MIEDOS, HABLA CON OTROS, SINCÉRATE. NUNCA TEMAS AL PRÓJIMO, CONFÍA EN SU BONDAD Y COMPRENSIÓN Y SERÁ MÁS PROBABLE QUE BONDAD Y COMPRENSIÓN SEA LO QUE QUE ENCUENTRES.

LAS HORAS PASAN Y LOS DÍAS VUELAN, NUNCA ES TARDE PARA EMPEZAR A JUGAR Y VOLAR MÁS ALTO. DEMUÉSTRATE DE LO QUE ERES CAPAZ Y ASOMBRA AL MUNDO CON TU ORIGINAL Y ÚNICO SER.

ESTÁS LLENO DE ENCANTO Y DE LUZ. PUEDES LLEGAR A DONDE TE PROPONGAS E INCLUSO MUCHO MÁS ALLÁ.